Tödlicher Schnee

Felix & Theo

Tödlicher Schnee

LANGENSCHEIDT

BERLIN · MÜNCHEN · LEIPZIG · WIEN · ZÜRICH · NEW YORK

Leichte Lektüren
Deutsch als Fremdsprache in drei Stufen
Tödlicher Schnee *Stufe 2*

Druck: Druckhaus Langenscheidt, Berlin
Printed in Germany
ISBN 3-468-49680-X

6 7 8 9 · 2000 1999 98 97

1

Wenn ein Mann wie Helmut Müller in ein Sportgeschäft geht, dann ist das sehr ungewöhnlich. Mit seinen 43 Jahren, seinen 82 Kilo Gewicht, bei einer Größe von 1,70 Metern, einem Zigarettenkonsum von über 30 Stück pro Tag und seiner in ganz Berlin bekannten Liebe zum Bier sucht man diesen Privatdetektiv eher in einer der Ku-Damm-Bars[1] oder in einer der berühmten Kneipen, die Tag und Nacht geöffnet haben.

Was macht also so ein Mann in einem Sportgeschäft? Sind es berufliche Gründe? Verfolgt er eine Ehefrau, die ihrem Mann untreu ist? Sucht er einen Taschendieb im Auftrag des Geschäftsinhabers? Nein, falsch! Helmut Müller ist ganz privat hier. Doch, doch. Man muß dazu folgendes wissen:

1. Heute ist der 25. Februar.

2. Herr Müller liebt die Berge, den Schnee, die Sonne.

3. Die Preise für eine Schiausrüstung sind in der Nachsaison besonders niedrig.

4. Das Wetter in Berlin ist im Februar unerträglich, grau, naß, häßlich. Für einen Privatdetektiv ohne Auftrag gibt es also keinen Grund, in Berlin zu bleiben.

Herr Müller ist einer von den Menschen, die immer neue Schuhe, neue Schier, neue Hosen kaufen, wenn sie in Schiurlaub fahren. Diese Menschen haben die Hoffnung, daß man mit neuen Schiern auch gut fahren kann. Da also Herr Müller nicht gut Schi fährt, aber den Schnee und die Berge mag, außerdem in Berlin das Wetter schlecht ist, steht er jetzt in einem Sportgeschäft in der Wilmersdorfer Straße und probiert eine neue Schihose.

Nach einer Stunde verläßt er zufrieden das Geschäft, unter jedem Arm ein dickes Paket und natürlich ein bißchen ärmer als bisher. Vor ihm liegen zwei wunderbare Wochen in Garmisch.[2]

Dort verbringt er jedes Jahr seinen Winterurlaub, zusammen mit seinem alten Freund Josef Gerhausen, der dort eine romantische Berghütte hat. Josef wohnt in München und fährt jedes Wochenende nach Garmisch. Er hatte das große Glück, zwei Jahre früher als Müller mit dem Germanistikstudium fertig zu sein, und fand noch rechtzeitig eine Stelle als Lehrer und Erzieher in einem Privatinternat in der Nähe von München. Müller dagegen verbrachte einen großen Teil seines Studiums beim Segeln oder in den Bergen. Als er schließlich sein Examen machte, gab es bereits die sogenannte Lehrerschwemme[3]. Er war fast ein Jahr arbeitslos in München und ging dann nach Berlin. Dort wollte er - wie fast alle arbeitslosen Germanisten - Schriftsteller werden. Nach einigen gescheiterten Versuchen beschloß er, sein Glück als Privatdetektiv zu versuchen. Davon konnte er bisher auch einigermaßen leben. Seit einiger Zeit hat er sogar eine Sekretärin, Bea Braun. Sie findet den Beruf eines Privatdetektivs aufregend und natürlich auch die Stelle einer Sekretärin eines Privatdetektivs. Während der zwei Wochen Urlaub bleibt sie im Büro und kümmert sich um mögliche Kunden.

2

Der Flug nach München und die anschließende Busfahrt nach Garmisch waren langweilig. Keine interessanten Menschen, nur blasse Großstädter wie er, die alle Urlaub machen wollen. Als Müller schließlich mit seinen Koffern und den Schiern vor der Hütte seines Freundes Josef steht, muß er feststellen, daß niemand da ist. Statt dessen hängt ein Zettel an der Tür:

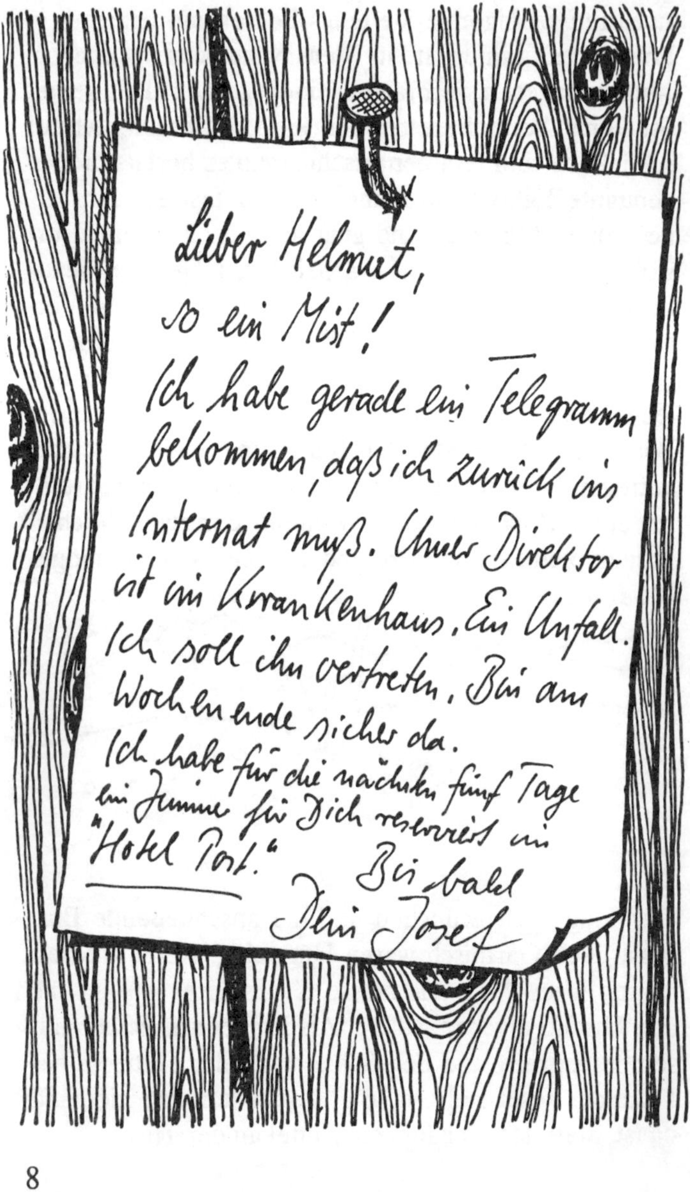
Lieber Helmut,
so ein Mist!
Ich habe gerade ein Telegramm
bekommen, daß ich zurück ins
Internat muß. Unser Direktor
ist im Krankenhaus. Ein Unfall.
Ich soll ihn vertreten. Bin am
Wochenende sicher da.
Ich habe für die nächsten fünf Tage
ein Zimmer für Dich reserviert im
"Hotel Post."
Bis bald
Dein Josef

So ein Mist! Da steht er nun, der arme Privatdetektiv mit seinen Koffern. Er hat Glück im Unglück, denn zufällig kommt ein Taxi vorbei - das ist sehr selten in Garmisch -, das ihn zum Hotel POST bringt.

Vor der Rezeption steht eine lange Schlange von Leuten. In allen möglichen Sprachen versuchen die neuen Gäste, sich mit der Empfangsdame zu verständigen.

"Ja, hallo! Helmut, was machst du denn hier? Bist du jetzt etwa Schifahrer geworden? Grüß' dich!"

Ein Mann aus der Schlange geht auf Müller zu und drückt ihm herzlich die Hand.
"Na sowas, der Gernot Haube! Was macht der Umweltschutz? Wie geht's dem Ozonloch?"

Müller und Haube kennen sich schon lange. Gernot engagiert sich seit Jahren in der deutschen Ökologiebewegung und ist Mitglied der "Grünen", der deutschen Umweltschutzpartei. Seit den letzten Wahlen zum Bundestag[4] ist Gernot sogar Abgeordneter. Jetzt sitzt er in einem Parlamentsausschuß, der sich mit internationalen Fragen der Luftverschmutzung beschäftigt.

"Dem Ozonloch? Dem geht es gut, es wächst und wächst, uns wird es aber bald immer schlechter gehen, wenn nicht etwas dagegen getan wird." Haubes Stimme klingt engagiert wie immer.

"Mit was für einer Gruppe bist du denn hier?"

EMPFANG
BAR

KAIRO
ATHEN
LONDON

"Wir haben eine einwöchige, internationale Konferenz über Möglichkeiten der Smogbekämpfung[5] in Großstädten. Lauter tolle Leute!"

Eine junge Frau mit langen, braunen Haaren, in einem schwarzen Kostüm, Marke italienisches Design, stellt sich neben die beiden. "Entschuldigen Sie, sind Sie Dr. Haube?"
"Ja."
"Mein Name ist Orlanda Bassi, ich bin Korrespondentin des Corriere della sera[6] und möchte einen Artikel über diese Tagung schreiben."
"Aha, sehr interessant!"
"Wann hätten Sie einige Minuten Zeit für ein Interview?"
Die Journalistin spricht mit einem leichten italienischen Akzent; Helmut Müller gefällt dieser Tonfall.
Haube und die Journalistin einigen sich auf einen Termin am nächsten Morgen, während Müller weiter fasziniert der Stimme der Italienerin lauscht. Als sie ihn anlacht und ihn nach seinem Namen fragt, ist er völlig verwirrt.

"Wie? Ich?...Ja, Helmut Müller...Nein, ich bin kein Professor...Nein, nein, auch kein Konferenzteilnehmer, nur Privatdetektiv...Nein, nicht beruflich...Natürlich gibt es Umweltkriminalität...Schifahren."

Orlanda Bassi bombardiert Müller mit Fragen. Er schwankt ständig zwischen Begeisterung und Schüchternheit. Das Ganze endet damit, daß man sich darauf einigt, daß es große Ähnlichkeiten der Berufe von

Journalisten und Privatdetektiven gibt und man sich zu einem gemeinsamen Frühstück für den nächsten Morgen verabredet.

3

Während die Schlange vor der Rezeption langsam kürzer wird, läßt sich Müller von seinem alten Freund informieren, was an internationaler Umweltschutzprominenz an dieser Tagung teilnimmt.

"Der da drüben mit dem grauen Bart, das ist Jan Mydal, ein schwedischer Arzt und einer der ersten, die versucht haben, auch international etwas für den Umweltschutz zu tun. Die Blonde neben ihm ist seine engste Mitarbeiterin, Rita Raro. Die beiden sind fast immer zusammen. Sie ist Russin und eine sehr geheimnisvolle Person. Er lebt übrigens in der Schweiz, in Bern, glaube ich.
Er ist mit einer steinreichen Südamerikanerin verheiratet, die ihm wahrscheinlich auch seine ganzen Forschungen finanziert. Immerhin sehr vernünftig, was sie mit ihrem Geld macht."
"Warum lerne ich bloß nie eine reiche Südamerikanerin kennen? Ich würde auch sofort meine ganze Ener-

gie dem Umweltschutz zur Verfügung stellen", sagte Müller.
"Ach, komm, Helmut. Denk an dein Frühstück mit deiner Journalistin."
"Wieso meine Journalistin? Die will doch was von dir und nicht von mir!"

"Na, lassen wir das. Schau mal da rüber, da, zum Aufzug. Siehst du die beiden Männer da? Die mit den schwarzen Koffern? Das sind Juan Martinez und Jesus Lescano, zwei Spanier aus Madrid. Seit dort die Sozialisten am Ruder sind, haben die Spanier die Abgase der Autos entdeckt. Die beiden haben es aber ziemlich schwer dort, die Autoindustrie baut nach wie vor so kleine Kisten mit unwahrscheinlich schlimmen Abgasen. Katalysatoren wollen die nur in die großen Wagen einbauen. Der Mensch, der sich gerade in Richtung Ausgang bewegt, ist aus Athen. Aber den Namen konnte ich mir bis jetzt nicht merken. Papadoupoulo oder so ähnlich."

Endlich stehen die beiden vor der Empfangsdame.
"Für mich ist ein Zimmer reserviert. Mein Name ist Helmut Müller."
"Sind Sie auch Kongreßteilnehmer?"
"Nein, nein, ich bin privat hier."
"Ah ja, Sie haben über Herrn Gerhausen reservieren lassen, nicht wahr?"
"Ja, stimmt."
"Wenn Sie sich bitte hier eintragen würden. Hier ist Ihr Zimmerschlüssel. Zimmer 305."
"Vielen Dank."

Nachdem auch Haube sich eingetragen hat, trennen sich die beiden.
"Ich muß zum Kongreßbüro, Helmut, wir sehen uns sicher später."
"In Ordnung." Müller läßt seine Koffer aufs Zimmer bringen und geht an die Hotelbar. Dort stehen einige weitere Teilnehmer, Engländer, Franzosen, Holländer. "Scheint ja wirklich eine internationale Gruppe zu sein", denkt er.

4

Als er in sein Zimmer gehen will, sieht er, wie zwei Türen weiter eine Frau hastig ein Zimmer verläßt. Als sie ihn bemerkt, dreht sie sich schnell um und geht rasch in die andere Richtung.
"Komisch", denkt Müller. Sein Berufsinstinkt ist geweckt.
"Das war doch diese geheimnisvolle Russin. Merkwürdig."
Nachdenklich geht er in sein Zimmer. Nachdem er geduscht und sich umgezogen hat, verläßt er sein Zimmer. Neugierig wie ein Privatdetektiv eben ist, nähert er sich dem Zimmer, aus dem die Russin vorhin kam.

305

"Nummer 307. Ich möchte wissen, wer da wohnt." Er beschließt, an der Rezeption zu fragen. Beim Abendessen lernt er weitere Ökologen und Umweltschützer kennen. Ihn interessiert aber vor allem die geheimnisvolle Russin. Leider sitzt sie an einem anderen Tisch. Ihr Kollege, Jan Mydal, ist nicht dabei. Er sitzt auch an keinem der anderen Tische.
"Wahrscheinlich schreibt er an seinem Vortrag", denkt Müller.

Von Haube erfährt er, daß die Russin schon als kleines Kind mit ihren Eltern nach Südamerika ausgewandert und dort auch aufgewachsen ist.

Ein Franzose, Pierre Bresson, erzählt ihm, daß das Wasser der französischen Mittelmeerküste vergiftet ist, ein deutscher Kollege von Gernot spricht mit Müller über die Autoabgase. Er lernt auch noch einen englischen Archäologen, James Born, kennen. Er wird auf dem Kongreß ein Referat über "Archäologie und Umweltschutz" halten. Schließlich hält ihm ein Österreicher, Sepp Berghuber, einen Vortrag über die Zerstörung der Alpen durch die Schifahrer.

Mit einem ganz schlechten Gewissen - uns ist ja bekannt, wie gerne Müller Schi fährt - begibt er sich nach dem Essen zur Hotelbar, in der Hoffnung, dort die italienische Journalistin zu treffen.

5

Am nächsten Morgen kommt Müller - schon fix und fertig in Schikleidung - zum Frühstück. Er sucht den Tisch von Orlanda Bassi. "Vielleicht kommt sie ja mit zum Schifahren", hofft er.
Doch er merkt sofort, daß etwas nicht stimmt. Die Leute reden nur mit leiser Stimme, Nervosität im ganzen Raum. Am Tisch von Gernot stehen zwei Herren, die Müller sofort als Polizisten erkennt.
Gernot Haube erklärt, was los ist: "Helmut, es ist etwas Furchtbares passiert.
Jan Mydal wurde ermordet. Ein Zimmermädchen hat vor einer halben Stunde seine Leiche entdeckt."
"Wie schrecklich!"
"Helmut, du mußt uns helfen. Du ..."
"Na hör mal, ich bin im Schiurlaub, und außerdem gibt es doch die Polizei."
"Ja, ja, ich weiß. Aber trotzdem. Du kannst dir vorstellen, daß so eine Tagung mit diesem Thema mehr als genug Gegner hat. Ein Umweltschutzkongreß mit einer Leiche! Es gibt genug Leute und Interessengruppen, die nur auf einen Skandal warten. Ich bitte dich, hilf uns!"
Was soll ein armer Privatdetektiv in so einer Situation machen? Na ja, zuerst über das Honorar verhandeln, dann seinen Schianzug ausziehen und dann eben anfangen zu arbeiten. Adieu, schönes Garmisch, bye-bye, Zugspitze, ciao Pulverschnee ...
Müller erfährt, daß Mydal mit einem schweren Gegenstand erschlagen wurde.

Genaueres wird die Autopsie ergeben. Die Ergebnisse werden aber erst am nächsten Tag vorliegen. Von Haube erfährt er noch, daß Mydal mit seinen medizinischen Forschungen der Industrie schon lange Ärger gemacht hatte, daß sein Forschungsinstitut viele Neider hatte und daß sein Vortrag von allen Kongreßteilnehmern mit großer Spannung erwartet wurde. An der Rezeption erhält er die Auskunft, daß Mydal im Zimmer Nr. 307 wohnte und Rita Raro in Zimmer 309.

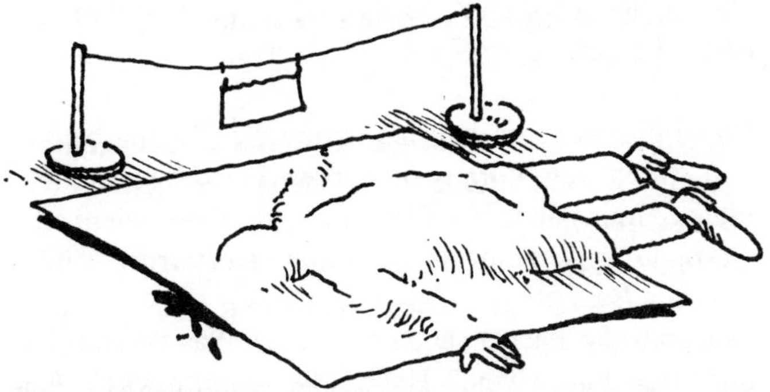

Er klopft an die Tür des Zimmers 309. Rita Raro öffnet. Sie hat rote, verweinte Augen, das Gesicht ist blaß. Sie wirkt völlig verstört.
"Mein Name ist Helmut Müller. Ich bin Privatdetektiv. Die Kongreßleitung hat mich beauftragt, den Mord an Ihrem Kollegen zu untersuchen."
"Ich habe schon alles der Polizei gesagt."
"Es dauert nur einige Minuten. Darf ich reinkommen?"
Rita Raro läßt Müller ins Zimmer. Sie setzen sich, und Müller beginnt mit den üblichen Fragen. Feinde, besondere Vorkommnisse, etwas Auffälliges in der letzten Zeit und was ein Privatdetektiv sonst noch so alles fragt.

Dann steht Müller auf, geht zur Tür, dreht sich um und fragt:
"Ach, sagen Sie, Frau Raro, was haben Sie eigentlich gestern abend noch im Zimmer von Mydal gemacht?"

"Jan ..., ich meine Herr Mydal, hatte mich gebeten, mit ihm nochmal sein Manuskript zu lesen. Wir haben über seinen Vortrag gesprochen, sonst nichts."

"Ja, ja, ich verstehe." Nachdenklich geht Müller aus dem Zimmer.

Im Konferenzraum hat inzwischen die Tagung begonnen. Nach den Vorträgen werden Hände geschüttelt, einige Journalisten stellen Fragen, dann zieht die ganze Gruppe zum kalten Buffet. Dort trifft Müller Orlanda Bassi.
"Na, sind die Ferien schon zu Ende? Was denken Sie über den Fall Mydal? Haben Sie schon etwas erfahren? Was sind Ihre nächsten Schritte?"
Zwar freut sich Müller, daß die Italienerin sich so für ihn interessiert, aber er weiß nicht, wie er diese vielen Fragen so schnell beantworten kann.
Außerdem möchte er länger mit ihr sprechen, ihre Stimme auch mal in Ruhe hören. Ohne zu antworten, fragt er: "Kannten Sie Herrn Mydal?"
"Na ja, kennen ... Ich habe ihn vor einem Jahr mal auf einem anderen Kongreß getroffen. Er war, glaube ich, früher Archäologe, bevor der Umweltschutz ihn interessierte. Aber sonst weiß ich nichts von ihm."
"Wollen wir ein bißchen spazieren gehen, Frau Bassi?"

6

Am nächsten Morgen kommt der Arzt, der die Leiche untersucht hat, ins Hotel. Er erklärt Gernot Haube und Helmut Müller, was im Labor an Ergebnissen vorliegt.

"Mydal wurde von hinten mit einem schweren Gegenstand auf den Kopf geschlagen. Der Täter muß groß und ziemlich stark gewesen sein, der Schlag war sehr fest. Wahrscheinlich ein Mann oder eine sehr kräftig gebaute Frau."

"Wie kommen Sie auf eine Frau?" wundert sich Müller.

"Wir haben auf den Lippen von Mydal Spuren von Lippenstift gefunden."

Nachdem der Arzt gegangen ist, bleiben Haube und Müller nachdenklich sitzen. Nach einer Weile sagt Müller:

"Und außerdem muß der Täter das Hotel gut gekannt haben. Keine Spuren von Gewalt an Türen oder Fenstern. Und der Täter muß auch Mydal gekannt haben. Wahrscheinlich hat Mydal seinem Mörder die Tür geöffnet. Dann haben sie miteinander geredet, und in einem Moment, als Mydal sich umdrehte, hat der Mörder zugeschlagen."

"Und dann hat er wohl das Zimmer durch die Tür verlassen. Denn die Polizei teilte mir mit, daß auch auf dem Balkon keine Spuren gewesen sind. Im Schnee hätte man sofort etwas gesehen", ergänzte Haube.

Müller denkt an einen deutschen Schlager mit dem Refrain "Der Mörder ist immer der Gärtner"[7], er denkt an den Lippenstift und nimmt sich vor, das Hotelpersonal zu befragen. Aber welches Motiv sollte ein Koch oder Hausmeister haben, einen schwedischen Arzt zu erschlagen? Außerdem beschließt er, noch einmal mit Rita Raro zu sprechen.

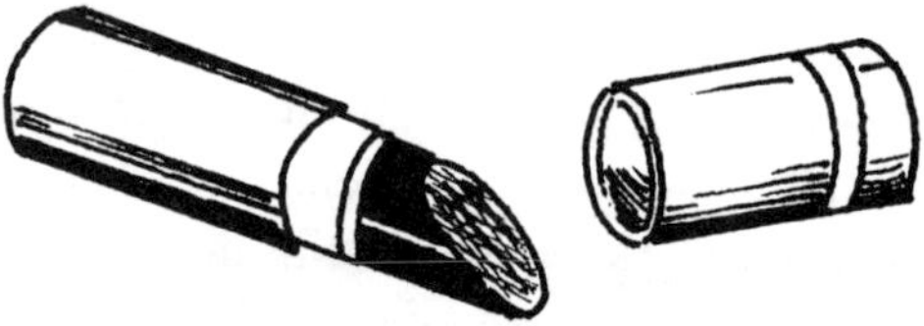

7

Heute ist ein wunderschöner Tag. Die Tagungsteilnehmer haben frei. Obwohl sich viele Freunde und Kollegen von Mydal Sorgen machen, fahren sie mit dem Bus nach Ettal[8] und besichtigen das Kloster. Nach einer kleinen Mittagspause in der von Mönchen geführten Klosterstube geht die Fahrt weiter nach Schloß Linderhof, ein Prunkbau aus der Zeit von König Ludwig II. von Bayern. Haube und Müller sind auch dabei, ebenso wie Orlanda Bassi, James Born, der Engländer, Sepp Berghuber, der Österreicher, einige Franzosen und die beiden Spanier.
Weil das Wetter so schön ist und die Luft so klar und frisch, beschließen sie, von Linderhof nach Oberammergau zu Fuß zu gehen. Als Ökologe hat man ja auch seine Pflichten der Natur gegenüber. Die Franzosen und Spanier sind nicht sehr begeistert, um so mehr aber Sepp Berghuber, der sofort mit großen Schritten vorangeht.

Nach einer Stunde sind sie in Oberammergau. Hier finden alle zehn Jahre die Oberammergauer Festspiele statt. Alle Oberammergauer sind stolz, als Schauspieler mitzuspielen, als Jesus, Maria, Joseph, als böser Römer oder als guter Engel.
Als die Kongreßteilnehmer den Bus besteigen, um zurück nach Garmisch zu fahren, fehlt James Born.
"Wer hat James Born gesehen?" fragt Gernot Haube.
Keiner der Teilnehmer antwortet. Schließlich sagt Juan Martinez: "Ich war am Anfang unserer Wanderung mit ihm zusammen, wir gingen langsam, weil James Born die Füße weh taten. Er sagte zu mir, daß ich nicht weiter auf ihn warten solle. Ich bin dann mit Herrn Lescano weitergegangen."
"Wir müssen ihn suchen", sagt Gernot Haube. Sie beschließen, mit dem Bus den Weg langsam zurückzufahren.
"Komisch", denkt Müller, "im Hotel habe ich nicht gesehen, daß Born Probleme mit den Füßen hat. Er ging wie jeder andere Mensch."

Als der Bus sich wieder Schloß Linderhof nähert, sehen die Teilnehmer schon von weitem das Blaulicht eines Polizeiautos.
"Um Gottes Willen, hoffentlich ist Born nichts passiert", sagt Gernot Haube.
Der Bus hält, Müller und Haube steigen aus. Sie fragen die Polizisten, was los ist.
"Wir haben einen Toten gefunden. Wir konnten ihn noch nicht identifizieren."
"Wir vermissen einen unserer Kollegen. Darf ich den Toten sehen?"

POLIZ

Es ist Born. Er liegt mit dem Gesicht nach unten im Schnee. Um den Kopf ist der Schnee rot von Blut ...

8

Als der Bus mit den Kongreßteilnehmern im Hotel ankommt, entsteht Hysterie unter den Leuten. Einige wollen sofort abfahren, andere wollen weiterarbeiten. Einige haben Angst, daß sie auch umgebracht werden. Müller sucht Rita Raro. Sie war nicht bei der Ausflugsgruppe. Als er zum Fahrstuhl geht, sieht er sie. Sie geht mit schnellen Schritten aus dem Hotel. Müller beschließt, ihr zu folgen. Sie biegt um eine Ecke und betritt dann das Hotel durch den Hintereingang. "Nur für Personal", steht auf einem Schild. In diesem Teil des Hotels wohnt das Hotelpersonal, Köche, Hausmeister, Arbeiter. Rita Raro geht einen Flur entlang und betritt dann, ohne anzuklopfen, ein Zimmer.

Vorsichtig nähert sich Müller der Tür. Auf einem Papierschild steht ein Name: Peter Bratsch. Müller hört die Stimme von Rita Raro und die Stimme eines Mannes, aber er kann nichts verstehen. Schnell geht er wieder weg, damit er nicht gesehen wird.

9

An der Rezeption fragt Müller nach dem Personalchef des Hotels. Der Personalchef ist in seinem Büro und bittet Müller, sich zu setzen.
"Was kann ich für Sie tun?"
"Ich bin Privatdetektiv und arbeite an dem Fall Mydal-Born. Ich brauche eine Auskunft über einen Ihrer Mitarbeiter, Peter Bratsch. Wie lange arbeitet er schon bei Ihnen, was macht er hier, gibt es irgend etwas Besonderes über ihn zu sagen?"
"Der Bratsch? Ach, das ist ein sehr angenehmer, ruhiger Typ. Mit dem hat es noch nie Ärger gegeben. Er arbeitet schon fünf Jahre hier. Er betreut die Heizung im ganzen Hotel. Macht kleine Reparaturen und so. Er hat früher mal an der Universität studiert, ich weiß, aber nicht wo und was. Jedenfalls hat ihm das wohl nicht gefallen. Wir brauchten damals dringend Leute, und er hat sich als Arbeiter beworben. Ich war zwar sehr skeptisch, ob so ein Intellektueller wohl vernünftig arbeiten kann, aber er war immer fleißig und ruhig. Ich kann nichts Negatives sagen."
"Gibt es nicht irgend etwas Besonderes, Auffälliges?" fragt Müller.
"Das einzige Besondere ist vielleicht, daß er irgendwo in Südamerika geboren wurde als Kind russischer Emigranten, aber so weit ich weiß, lebt er schon sehr lange hier in Deutschland."
"In Südamerika? Ach was! Vielen Dank, Sie haben mir sehr geholfen." Müller verabschiedet sich und geht wieder zurück in die Hotelhalle. Als er an der Bar die italienische Journalistin sieht, beschließt er, sie zum

Abendessen einzuladen.
"Hallo, Frau Bassi, wie geht's?"
"Oh, unser Privatdetektiv! Na, wissen Sie schon etwas? Erst Mydal, jetzt Born. Glauben Sie, daß es einen Zusammenhang gibt?"
"Vielleicht. Vielleicht auch nicht. Was machen Sie heute abend?"
"Ich weiß noch nicht", Orlanda Bassi lächelt. Dieser Privatdetektiv ist wirklich süß, so schüchtern.
"Warum wollen Sie das wissen?" fragt sie.
"Ich ... äh ... Nur so."
"Und was machen Sie heute abend?"
"Ich? Ach, nichts, ich dachte ..."
"Wollen wir zusammen essen gehen? Mal raus aus dem Hotel? In ein kleines gemütliches Restaurant?" Orlanda lächelt wieder.
"Ja gern, sehr gern, eine gute Idee, prima!"
Müller freut sich. "Das habe ich großartig gemacht", denkt er.
"Können wir uns so um acht Uhr treffen? Hier an der Bar? Ich muß vorher noch etwas erledigen", sagt Müller.
"Das paßt mir gut. Ich möchte mich auch noch etwas frisch machen", antwortet Orlanda.
"Also bis um acht."
"Bis nachher."

10

Müller geht wieder zum Personaleingang des Hotels. Er will versuchen, diesen Peter Bratsch kennenzulernen. Er nähert sich der Tür. Es ist nichts zu hören. Rita Raro hat das Zimmer wahrscheinlich schon verlassen.
Müller klopft.
Nichts.
Er klopft nochmal.
Nichts. Keine Antwort, kein Geräusch. Müller sieht nach rechts und links. Niemand ist im Flur. Mit einem kleinen Messer schiebt er das Schloß der Tür zur Seite. Er geht in das Zimmer. Ein Tisch, ein Bett, ein Regal, ein schmaler Schrank. Im Regal liegen einige Zeitschriften, ein paar Bücher. Müller liest einige Titel: "Archäologische Forschung im 19. Jahrhundert", "Ausgrabungen und Funde aus der Phönizierzeit", "Archäologie heute". Neben einem dieser Bücher liegt ein Photo. Auf dem Photo erkennt Müller zwei Männer: Mydal und Born! Neben ihnen stehen ein weiterer Mann und zwei Frauen. Die eine Frau ist Rita Raro. Das Photo muß etwa 6 bis 8 Jahre alt sein. Die Gruppe steht vor einer ägyptischen Statue. "Vielleicht eine Ausgrabung, die sie gemacht haben", denkt Müller.

Müller steckt das Photo ein und verläßt schnell das Zimmer. Er weiß, daß dieses Photo der Schlüssel zu den beiden Morden ist. Aber wo ist der Zusammenhang? Wer ist der andere Mann? Wer ist die andere Frau? Was ist damals passiert? Was hat das alles mit Peter Bratsch zu tun? Ist er der Mann?
Müller ist sehr aufgeregt. Das ist bei ihm immer so,

Archäologi
AUSGR

wenn er bei einem Fall der Lösung nahe ist, aber nicht weiß, wie es weitergeht.

11

Er muß endlich diesen Peter Bratsch kennenlernen. Er beschließt, den Personalchef noch einmal zu besuchen. Müller zeigt ihm das Foto. "Ist Peter Bratsch mit auf diesem Foto?"
"Ja, ja, hier, der da links steht, der junge Mann. Ist aber ein älteres Foto, was? Heute sieht der Bratsch viel älter aus."

"Ich würde Herrn Bratsch gerne sprechen. Wo kann ich ihn finden?" fragt Müller.

"Moment." Der Personalchef telefoniert. "Er hat seit gestern frei.
Wahrscheinlich ist er in seinem Zimmer. Wenn nicht, dann können Sie ihn sicher morgen früh sprechen, da hat er wieder Dienst."
"Vielen Dank!" Müller hat das Gefühl, daß dieser Bratsch morgen nicht arbeiten wird ...
Er sucht Rita Raro. Sie ist weder in ihrem Zimmer noch in der Hotelhalle. Die Tagung ist für heute beendet, morgen soll die Abschlußveranstaltung sein. Müller trifft Gernot Haube, der ihm erzählt, daß Rita Raro morgen den Schlußvortrag halten soll, sie wird das Manuskript von Mydal vorlesen. Müller ist beruhigt, das heißt also, daß sie irgendwo im Hotel sein muß. Müller findet, daß er für heute genug gearbeitet hat,

und geht in die Hotelbar, wo er auf Orlanda wartet. Er freut sich auf den Abend und das Abendessen mit ihr und bestellt sein erstes Bier.

12

Es ist ein wunderbarer Abend. Das Essen ist phantastisch, der Wein ausgezeichnet, die Stimmung herrlich, und Orlanda Bassi sagt Herrn Müller, daß er ein überaus charmanter Privatdetektiv sei, und Herr Müller sagt Frau Bassi, daß sie die reizendste Journalistin sei, die er je kennengelernt habe.
Sie gehen den Weg vom Restaurant zu Fuß zurück zum Hotel. Der Mond scheint auf den schneebedeckten Weg, und die beiden finden alles sehr romantisch.

"Nein! Nein! Das darf doch nicht wahr sein!" sagt Müller mit Wut in der Stimme, als die beiden um die letzte Kurve vor dem Hotel biegen. Vor dem Nebeneingang des Hotels steht ein Krankenwagen mit Blaulicht und ein Polizeiwagen, ebenfalls mit Blaulicht.

"Oh, Gott", Orlanda Bassi hat Angst. Nichts ist mehr romantisch, vorbei der schöne Abend, das nette Abendessen ist vergessen.
Müller hat keine Angst, er ist nur sauer, sehr sauer.
"Was habe ich nur für einen blöden Beruf", denkt er, als er zu den Autos geht. In diesem Moment kommen zwei Sanitäter und eine Frau aus dem Personaleingang. Die Sanitäter tragen eine Bahre, auf der ein Mann liegt. Die Frau daneben ist Rita Raro.
Das Gesicht von Rita Raro ist grau. Ihre Augen sind rot und verweint.
"Was ist los, Frau Raro? Das ist wohl Peter Bratsch, nicht wahr?"
Rita Raro nickt. "Er hat versucht, sich das Leben zu nehmen. Schlaftabletten. Ich habe ihn gefunden und den Rettungsdienst angerufen. Sie bringen ihn jetzt ins Krankenhaus."
"Frau Raro, wollen wir uns jetzt ein bißchen unterhalten? Ich glaube, Sie müssen mir und der Polizei eine Menge erklären."
"Ich sage nichts."
"Dann sprechen wir uns eben morgen!"
Müller verabschiedet sich von Orlanda Bassi: "Ich muß leider noch ein bißchen arbeiten. Sehen wir uns morgen zum Frühstück?"
"O.k., der große Detektiv tut seine Pflicht", sagt Orlanda, ein bißchen ironisch und ein bißchen traurig. "Bis morgen!"

13

Müller schaut auf seine Uhr, es ist fast ein Uhr. Müde geht er in sein Zimmer.
Er nimmt den Telefonhörer und wählt eine Nummer. Nach einiger Zeit meldet sich eine verschlafene Stimme. Es ist Bea Braun, seine Sekretärin.
"Tut mir leid, daß ich so spät anrufe, Bea, aber Sie müssen mir helfen."
"Was ist denn los? Wie spät ist es? Ich denke, Sie sind im Schiurlaub! Wo sind Sie denn?"
"Ich erkläre Ihnen alles später. Passen Sie auf. Sie müssen morgen früh in die Staatsbibliothek[9] gehen und alle archäologischen Fachzeitschriften durchsehen, die vor etwa sechs Jahren erschienen sind. Suchen Sie einen Artikel über eine Exkursion in Ägypten, an der folgende Forscher teilgenommen haben: Jan Mydal, James Born, Rita Raro und Peter Bratsch. Außerdem war noch eine weitere Frau dabei. Ich brauche ihren Namen und alles, was Sie über die Exkursion rauskriegen können!"
"Oh, nein, Chef, deshalb wecken Sie mich mitten in der Nacht? Sind Sie jetzt Archäologe geworden?"
"Bitte, Bea, es ist dringend, es geht um zwei Morde und einen Selbstmord!"
"Wahnsinn! Ich rufe Sie an, sobald ich was gefunden habe."

14

Am nächsten Morgen geht Müller nach dem Frühstück zum Schlußvortrag des Umweltschutzkongresses. Rita Raro steht am Rednerpult und liest das Manuskript ihres ermordeten Kollegen Mydal. Müller bewundert diese Frau. Wie schwer es für sie sein muß, diesen Vortrag zu halten! Nach zehn Minuten geht er auf sein Zimmer. Er wartet ungeduldig auf den Anruf von Bea Braun.
Endlich klingelt das Telefon.

"Also, Chef, ich habe wirklich einiges gefunden. Die Forschergruppe stand unter der Leitung von James Born. Mydal war der ärztliche Betreuer. Außerdem waren noch dabei Lynn Born, die Tochter von James Born, sowie die Studenten Rita und Peter Raro. Einen Peter Bratsch konnte ich aber nicht finden. Diese Gruppe hat eine bedeutende Entdeckung über eine Figur aus dem alten Ägypten gemacht.
Das habe ich mir aber nicht so genau durchgelesen. Außerdem gibt es da noch etwas. Das Ende der Forschungsreise war ziemlich traurig, weil auf dem Rückweg aus irgendeiner Höhle die Tochter von Born tödlich verunglückt ist. Sie ist in eine Felsspalte gefallen. Ihre Leiche wurde nicht mehr gefunden."
"Danke, Bea, Sie sind wunderbar."

Müller geht zurück ins Kongreßzentrum. Der Vortrag

von Rita Raro ist beendet.
Die Ökologen nähern sich zum letzten Mal dem Kalten Buffet. Trotz der gedrückten Stimmung ist das Buffet schnell geleert. Müller geht zu Rita Raro.
"Kann ich jetzt mit Ihnen sprechen?"
"Was wollen Sie von mir?"
"Ich möchte von Ihnen alles über diese Exkursion wissen!"
Müller zeigt ihr das Foto. "Und über Ihren Bruder möchte ich auch alles wissen. Peter Bratsch ist doch Ihr Bruder, nicht wahr?"
Rita Raro nickt. "Kommen Sie, gehen wir raus. Hier ersticke ich."

15

Sie erzählt: "Für Peter und mich war es die erste Exkursion. Wir studierten beide Archäologie und bewarben uns als Hilfskräfte für die Reise. Die Stimmung war herrlich, die Forschungen gingen gut voran. Wir waren insgesamt sechs Monate unterwegs. Ich verliebte mich Hals über Kopf in Jan. Seit der Zeit sind wir zusammen, natürlich immer nur heimlich. Wenn seine Frau etwas davon erfahren hätte, wäre es vorbei gewesen mit der Forschungsarbeit von Jan. Sie hat ja alles finanziert. Peter verliebte sich in Lynn Born. Für ihn war es die ganz große Liebe. James Born wurde wütend, als er das merkte. Er hatte wohl was Besseres für seine Tochter im Kopf als einen armen Archäologiestudenten.
Er verbot seiner Tochter jeden Kontakt mit meinem

Bruder. Aber versuchen Sie das mal auf einer Exkursion von sechs Monaten, wenn Sie Tag und Nacht zusammen sind!"
Müller konnte sich gut vorstellen, daß das ziemlich schwierig sein muß. Einen Moment träumte er davon, mit Orlanda Bassi auf einer archäologischen Exkursion zu sein. Statt weiter zu träumen, fragte er:
"Und wie kam es zu dem Unfall von Lynn?"
"Unfall?" Ritas Stimme klang jetzt hart und zynisch. "Unfall", wiederholte sie leise. "Es war ein Unfall, ja, aber etwas anderes, als dann berichtet wurde. Lynn wurde schwanger. Als ihr Vater das erfuhr, bestand er darauf, daß sie noch während der Exkursion abtreiben sollte. Er drohte, wenn Jan die Abtreibung nicht macht, erzählt er der Frau von Jan von unserem Verhältnis. Er hat ihn erpreßt. Jan gab nach und machte bei Lynn den Eingriff, obwohl Lynn nicht wollte."
"Und das ging schief", ergänzte Müller.
"Ja. Es war furchtbar. Mein Bruder wurde fast verrückt dabei. Seit dem Tag des Todes von Lynn sprach er mit niemandem mehr, nicht mal mit mir. Es wurde dann beschlossen, das Ganze als Unfall zu deklarieren. Nach der Rückkehr hat mein Bruder sein Studium abgebrochen und sich hierher zurückgezogen. Er wollte versuchen, alles zu vergessen. Als er dann erfuhr, daß praktisch alle Exkursionsteilnehmer von damals plötzlich hier in diesem Hotel waren, ist er verrückt geworden. Plötzlich war alles wieder lebendig und frisch. Seine Trauer wandelte sich in Wut und Haß."
"Und als Angestellter des Hotels konnte er ohne jedes Problem in das Zimmer von Mydal."

"Genau. Als ich Mydal zum letzten Mal .... besuchte, sagte er mir, er wollte mit Peter sprechen, um ihn zu beruhigen. Statt dessen ... ", Rita konnte nicht weitersprechen. Sie hatte Tränen in den Augen. Müller gab ihr ein Taschentuch.
"Und mit James Born hat er sich dann im Schloß Linderhof verabredet, oder?"
"Ja."
"James Born erfand die Geschichte mit seinem kaputten Fuß, damit er sich von den anderen Teilnehmern absetzen konnte, um sich heimlich mit Ihrem Bruder zu treffen. Richtig?"
Wieder nickte Rita Raro. Dann erzählte sie weiter:
"James wollte mit meinem Bruder reden, um ihn zu erpressen. Wenn er weiter schweigt, würde James nicht zur Polizei gehen. Ich habe mit meinem Bruder dann nochmal geredet, habe ihn gebeten, selbst zur Polizei zu gehen, aber umsonst. Er war sehr wütend."
Müller erinnert sich. Das war, als er Rita verfolgt hatte und sie in das Zimmer von Peter Bratsch alias Raro ging.
"Wie geht es Ihrem Bruder? Haben sie etwas in der Klinik für ihn tun können?"
"Ja, sie haben ihm den Magen ausgepumpt. Die Ärzte sagen, er wird durchkommen."
"Ich fürchte, alles was Sie mir erzählt haben, müssen Sie auch der Polizei erzählen."
"Ich werde vorher mit meinem Bruder reden. Bitte, lassen Sie mich jetzt allein. Ich brauche jetzt etwas Ruhe."

16

Nachdem Müller die Polizei und Gernot Haube informiert hat, geht er in die Hotelbar. Er braucht jetzt ein Bier. Als er danach seinen Zimmerschlüssel holen will, gibt ihm die Empfangsdame zwei Briefe. Einer davon ist von seinem Freund Josef Gerhausen.

"Urlaub! Wenn der wüßte!" denkt Helmut Müller.

Der andere Brief ist von Orlanda Bassi.

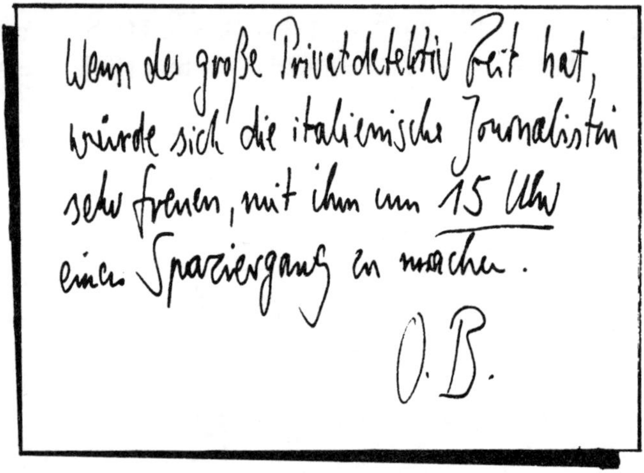

Wenn der große Privatdetektiv Zeit hat, würde sich die italienische Journalistin sehr freuen, mit ihm um 15 Uhr einen Spaziergang zu machen.

O.B.

Müller sieht auf die Uhr. Es ist zehn vor drei. Er beschließt, Orlanda in Ihrem Zimmer anzurufen:

"Hallo!?"
"Ja, bitte, wer spricht?"
"Ja, ich, Müller, ... Helmut Müller"
"Oh, Sie haben meine Nachricht bekommen?"
"Ja, und Zeit habe ich auch und außerdem eine Idee, ich meine, einen ... äh ... Vorschlag, weil, nämlich, ... ich bin mit der Arbeit fertig, ... ich meine, der Fall ist gelöst, ... also, ich habe jetzt Zeit, meine ich, und ich dachte, ... also, wenn Sie auch Zeit hätten, zum Beispiel zum Schifahren, für Sie ist der Kongreß doch auch zu Ende, ... vielleicht könnten Sie, also Sie und ich, weil, mein Freund Josef, ... Sie verstehen schon, also, ich hab den Schlüssel, und deshalb denke ich,

man könnte ..."
"Wie? Was? Ich verstehe kein Wort. Wer ist Josef? Was für ein Schlüssel?"
"Der Schlüssel von der Schihütte von meinem Freund Josef. Also wollen wir zusammen ein paar Tage schifahren ...?"
"Schifahren? Phantastisch, sehr gern. Ich habe meinen Bericht schon nach Mailand gefaxt und hab die nächsten acht Tage frei!"
"Treffen wir uns in zehn Minuten unten am Empfang, o.k.?"
"D'accordo!"

Nun wissen wir also, daß Müller nicht nur zwei Morde aufgeklärt hat, sondern auch, daß alle Voraussetzungen da sind, um auch noch einen schönen Schiurlaub mit Orlanda zu verbringen. Auf jeden Fall wünschen wir ihm das, auch wenn dabei die Umwelt in den Bergen ein bißchen leiden wird.

Ende

Landeskundliche Anmerkungen

1 Viele Kneipen in Berlin, besonders in der Stadtmitte, haben Tag und Nacht geöffnet.

2 Garmisch ist ein süddeutscher Ferienort am Fuße der Zugspitze, des höchsten deutschen Berges (2994 m).

3 Lehrerschwemme: Mitte der 70er Jahre gab es in der BRD eine große Zahl Lehrer, die nach dem Examen keine Stelle bekamen, da nicht genung freie Plätze an den Schulen vorhanden waren.

4 Bundestag: Das deutsche Parlament, wird alle vier Jahre gewählt.

5 Smog: Durch Abgase der Autos und der Industrie entstehende giftige Luftschicht

6 Corriere della sera: Italienische Tageszeitung

7 "Der Mörder ist immer der Gärtner" ist der Titel eines Schlagers von Reinhard Mey

8 Ettal: Bekanntes Benediktinerkloster in der Nähe von Garmisch

9 Staatsbibliothek: Größte Berliner Bibliothek mit einem sehr umfangreichen internationalen Zeitschriftenarchiv

Übungen und Tests

1. Was steht im Text ?

	r	f
Helmut Müller ist ein guter Sportler		
In Berlin ist das Wetter schlecht		
Mit neuen Schiern kann man besser fahren		
Josef Gerhausen ist auch Privatdetektiv		
Bea Braun ist Schriftstellerin		

(r = richtig, f = falsch)

2. Schauen Sie noch einmal das Bild von Seite 10/11 an. Wen kann man erkennen? Wo stehen die Personen? Machen Sie Notizen und beschreiben Sie:

Helmut Müller ist der Mann links. Er hat ....

....

Gernot Haube steht ....

Orlanda Bassi ist die Frau ....

Ich glaube, Jan Mydal ....

3. und 4. Bitte zuordnen:

- Pierre Bresson
- James Born
- Sepp Berghuber
- Juan Martinez

- ist für den Schutz der Berge
- sagt, die Mittelmeerküste ist vergiftet
- war früher Archäo - loge
- kämpft gegen Autoabgase und für Katalysatoren

5. Wer? Wann ? Warum ? Bitte Stichpunkte sammeln:

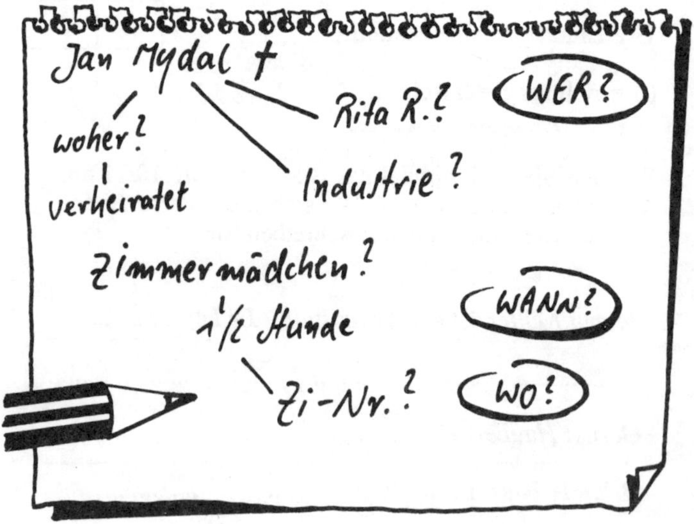

6. Richtig oder falsch? Bitte ankreuzen:

	r	f
Mydal wurde erschlagen		
Der Täter kam über den Balkon ins Zimmer		
Der Täter kannte Mydal		
Im Schnee waren Spuren		

7. Wie viele Fehler sind in diesem Text? Bitte mit Kapitel 7 vergleichen:

Die Tagungsteilnehmer machen einen Ausflug. Unterwegs gehen sie in Oberammergau essen. Danach machen sie einen Spaziergang. Dann verschwindet Born. Später findet ihn die Polizei. Er war erfroren.

1 Fehler 2 Fehler 3 Fehler 4 Fehler

8. und 9. Bitte Fragen beantworten:

Wohin geht Rita Raro? ....

....

Mit wem spricht sie?

....

Welche Auskunft gibt der Personalchef?

....

1o. Einen Text zusammenfassen: Was macht Müller im Zimmer von Peter Bratsch?

Hier einige Stichpunkte:

11. und 12. Bitte zuordnen:

Helmut Müller	erkennt jemand auf dem Photo
Orlanda Bassi	freut sich auf ein Abendessen
Gernot Haube	findet jemand sehr, sehr charmant
Peter Bratsch	ist sehr traurig
Der Personalchef	ist zuerst verschwunden, später geht es ihm sehr schlecht
Rita Raro	ist informiert über das letzte Referat der Tagung

13. und 14. Bitte beantworten Sie die Fragen :

Warum ruft Müller seine Sekretärin an?

____

Was erfährt sie über die Exkursion?

____

Welche Personen sind auf dem Photo?

____

15. und 16. Was erzählt Müller der Polizei, nachdem er mit Rita Raro gesprochen hat? Hier einige Stichpunkte:

Photo .... Exkursion ... Liebe ... Erpressung ... Rache ... Bruder ....

Ein Telefongespräch. Versuchen Sie zu antworten:

Hallo Frau Bassi! Guten Tag!
*..
Was machen Sie in den nächsten Tagen? Ich hätte da eine Idee!
*..
Wir könnten zusammen Schi fahren!
* ....
Ich habe eine Schihütte hier in der Nähe.
* ....

Sämtliche bisher in dieser Reihe erschienene Bände:

Stufe 1

Oh, Maria ...	32 Seiten	Bestell-Nr. **49681**
Ein Mann zuviel	32 Seiten	Bestell-Nr. **49682**
Adel und edle Steine	32 Seiten	Bestell-Nr. **49685**
Oktoberfest	32 Seiten	Bestell-Nr. **49691**
Hamburg – hin und zurück	40 Seiten	Bestell-Nr. **49693**

Stufe 2

Tödlicher Schnee	48 Seiten	Bestell-Nr. **49680**
Das Gold der alten Dame	40 Seiten	Bestell-Nr. **49683**
Ferien bei Freunden	48 Seiten	Bestell-Nr. **49686**
Einer singt falsch	48 Seiten	Bestell-Nr. **49687**
Bild ohne Rahmen	40 Seiten	Bestell-Nr. **49688**
Mord auf dem Golfplatz	40 Seiten	Bestell-Nr. **49690**
Barbara	40 Seiten	Bestell-Nr. **49694**

Stufe 3

Der Fall Schlachter	56 Seiten	Bestell-Nr. **49684**
Haus ohne Hoffnung	40 Seiten	Bestell-Nr. **49689**
Müller in New York	48 Seiten	Bestell-Nr. **49692**